누리 과정에서 쏙쏙

신체운동·건강 신체활동 즐기기 – 신체를 인식하고 움직인다.
　　　　　　　　건강하게 생활하기 – 하루 일과에서 적당한 휴식을 취한다.

초등 과정에서 쏙쏙

통합 나2　1. 나의 몸 – 내 몸 그리기, 내 몸이 아파요
과학 5-2　1. 우리 몸

감수 및 추천 이명근 박사(미국 존스홉킨스 대학교 교수 역임, 현재 연세대학교 보건대학원 교수)
세계 곳곳의 재난지에 뛰어들어 어린이들은 물론 도움이 필요한 사람들을 구조하며 봉사의 삶을 사는 분입니다. 알아야 더 잘할 수 있다는 믿음으로 연세대학교 보건대학원에 '국제 재난 대응 전문가 과정'을 개설하여 많은 재난 구조 전문가를 양성하고 있습니다. 국제 NGO인 '머시코'(Mercy Corp.)와 UNDP(유엔경제개발계획)에서 활동하기도 했습니다. 지금은 재난 구호의 필요성을 알리고, 아시아와 아프리카의 개발을 위해 '코이카'(KOICA, 한국국제협력단)와 국제 개발 기관인 '글로벌 투게더' 등과 함께 봉사에 앞장서고 있습니다.

글 천진아
성신여자대학교에서 교육학, 국어국문학을 공부하였으며 재미있고 말랑말랑한 이야기를 통해 어린이 친구들의 호기심을 채워 주고자 열심히 이야기를 짓고 있습니다.

그림 이유진
동양화를 공부하였으며 한국출판미술협회공모전에서 일러스트 부분 장려상, 안데르센 그림자상 가작을 수상하였습니다. 지금은 프리랜서 일러스트레이터로 어린이 책에 그림을 그리고 있습니다.

과학 동화

인체 | 뇌
29. 생각하는 뇌야, 도와줘

글 천진아 | **그림** 이유진
펴낸곳 스마일 북스 | **펴낸이** 이행순 | **제작 상무** 장종남
대표 조주연 | **주소** 서울특별시 종로구 사직로8길 20, 103호
출판등록 제2013 – 000070호 **홈페이지** www.smilebooks.co.kr
전화번호 1588 – 3201   **팩스** (02)747 – 3108
기획 · 편집 조주연 김민정 김인숙 | **디자인** 김수정 정수하
사진 제공 및 대여 셔터스톡 연합뉴스 프리픽

이 책의 모든 글과 그림 등의 저작권은 스마일 북스에 있습니다.
본사의 허락 없이 이 책에 실린 내용의 일부 또는 전체를 어떤 형태로든지 변조하거나 무단 복제하는 것은 법으로 금지되어 있습니다.

⚠ 책을 집어던지면 다칠 수 있으니 조심하십시오. 잘못 만들어진 책은 바꾸어 드립니다.

생각하는 뇌야, 도와줘

글 천진아 | 그림 이유진

아하는 탐정이에요.
어려운 일이 일어날 때마다
시원하게 해결하지요.

'뭐 재미난 사건이 없을까?'
오늘도 머리를 또로로록 굴리는데
전화벨이 울렸어요.

"울지 말고 말해 봐. 인형이 언제 없어졌니?"
"엉엉엉, 몰라요, 기억이 안 나요."
영웅이는 울기만 했어요.
"잘 생각해 봐.
차근차근 생각을 떠올리면,
방귀 뽕 인형을 찾을 수 있어!"

기억하고, 생각하고, 움직이고,
느끼는 일은 **뇌**가 해요.
단단한 머리뼈 안에
말랑말랑하고 주름 많은 뇌가 들어 있어요.
머리뼈는 뇌를 보호해요.

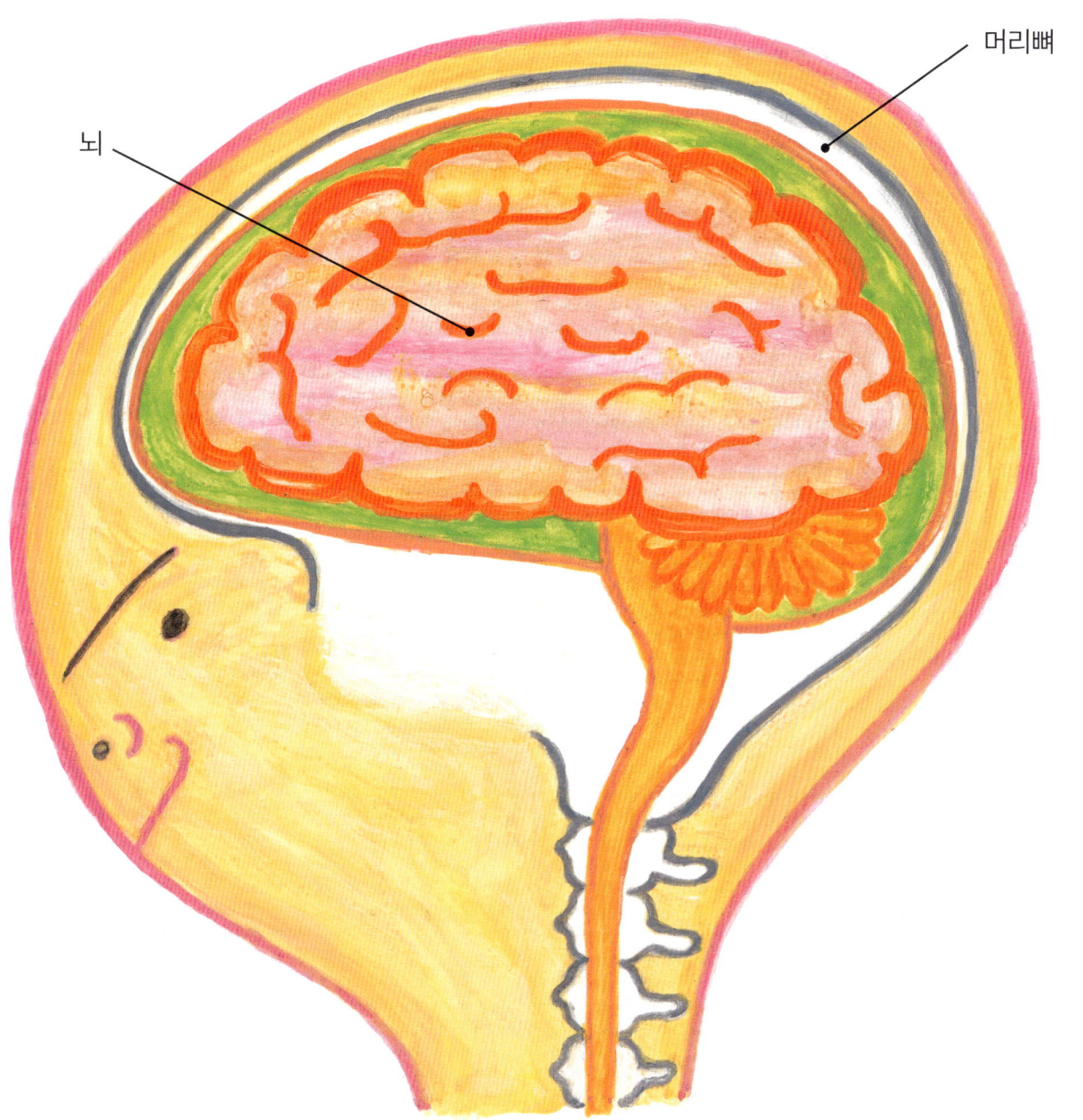

"생각할 때는 왼쪽, 오른쪽 뇌를 고루고루 써야 해.
순서대로 차근차근 떠올려 봐."

왼쪽 뇌는 말하기와 글쓰기, 셈,
그리고 규칙과 순서를 판단하는 일을 해요.

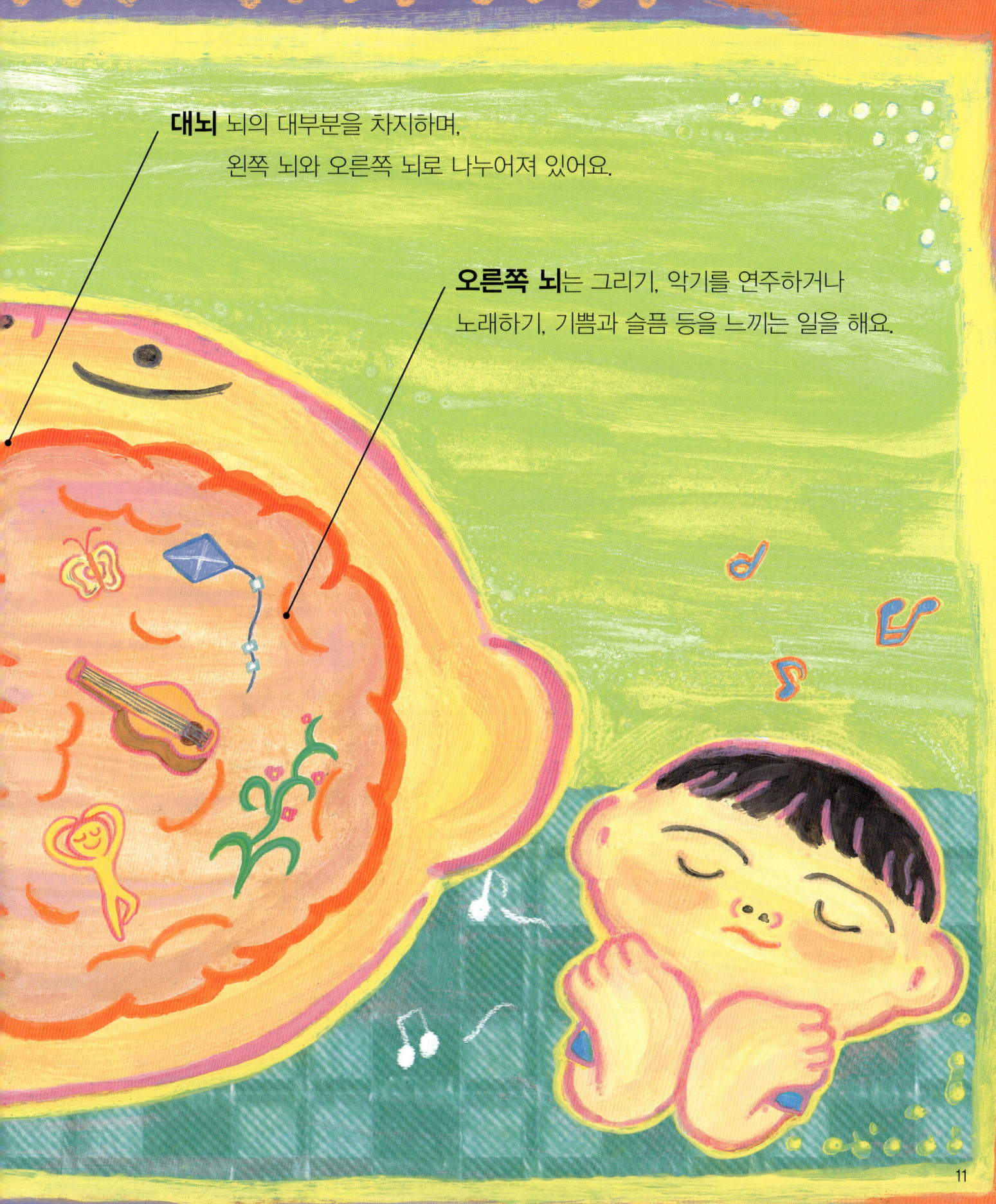

대뇌 뇌의 대부분을 차지하며, 왼쪽 뇌와 오른쪽 뇌로 나누어져 있어요.

오른쪽 뇌는 그리기, 악기를 연주하거나 노래하기, 기쁨과 슬픔 등을 느끼는 일을 해요.

"방귀 뽕 인형을 가지고 처음 간 곳이 어디니?"
영웅이는 곰곰이 기억을 되살려 봤어요.
기억이 날 듯 말 듯 했어요.

앗, 보람이네 집이에요.

뇌는 배운 걸 기억해요.
하지만 모든 것을 다 기억하는 것은 아니에요.
어떤 것은 금방 잊어버리고,
어떤 것은 오랫동안 기억해요.

기쁘고, 슬프고, 화나고, 신나는 기분을 느끼는 것도
뇌가 하는 일이에요.

뇌에는 배고픔이나 목마름을 느끼는 **간뇌**라는 곳이 있어요.
그래서 몸이 필요할 때에
음식을 먹거나 물을 마시지요.

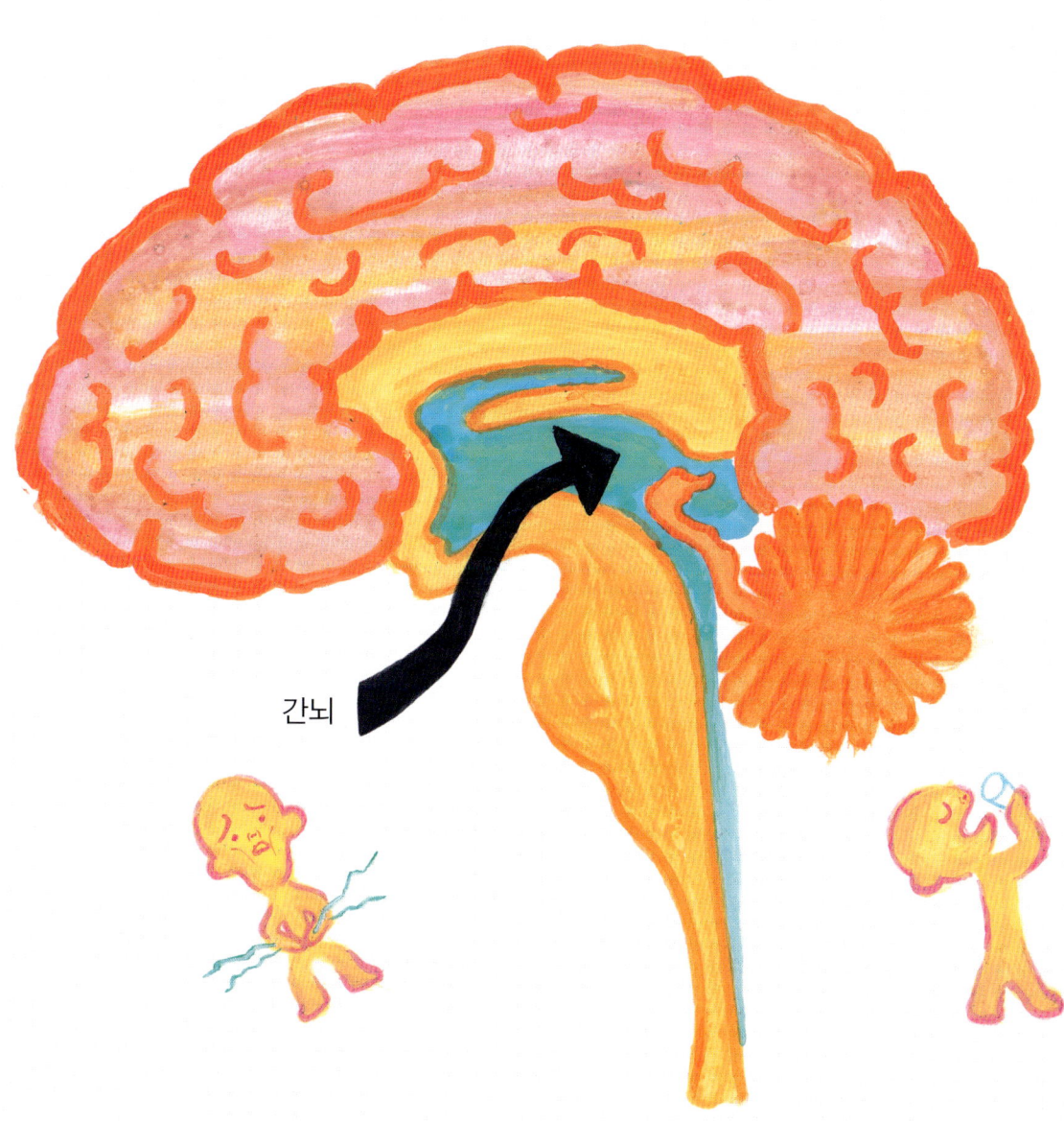

간뇌

아하 탐정은 놀이터로 가 보았어요.
"그네에 있는 저 인형 아니니?"
"아니에요.
방귀 뿡 인형은 빨간 옷을 입고 있고,
머리털은 초록색이에요."
영웅이는 고개를 저었어요.

뇌에는 보는 것을 담당하는 **중뇌**라는 곳이 있어요.
눈으로 볼 수 있게 해 주고,
눈으로 본 것을 차곡차곡 정리하지요.

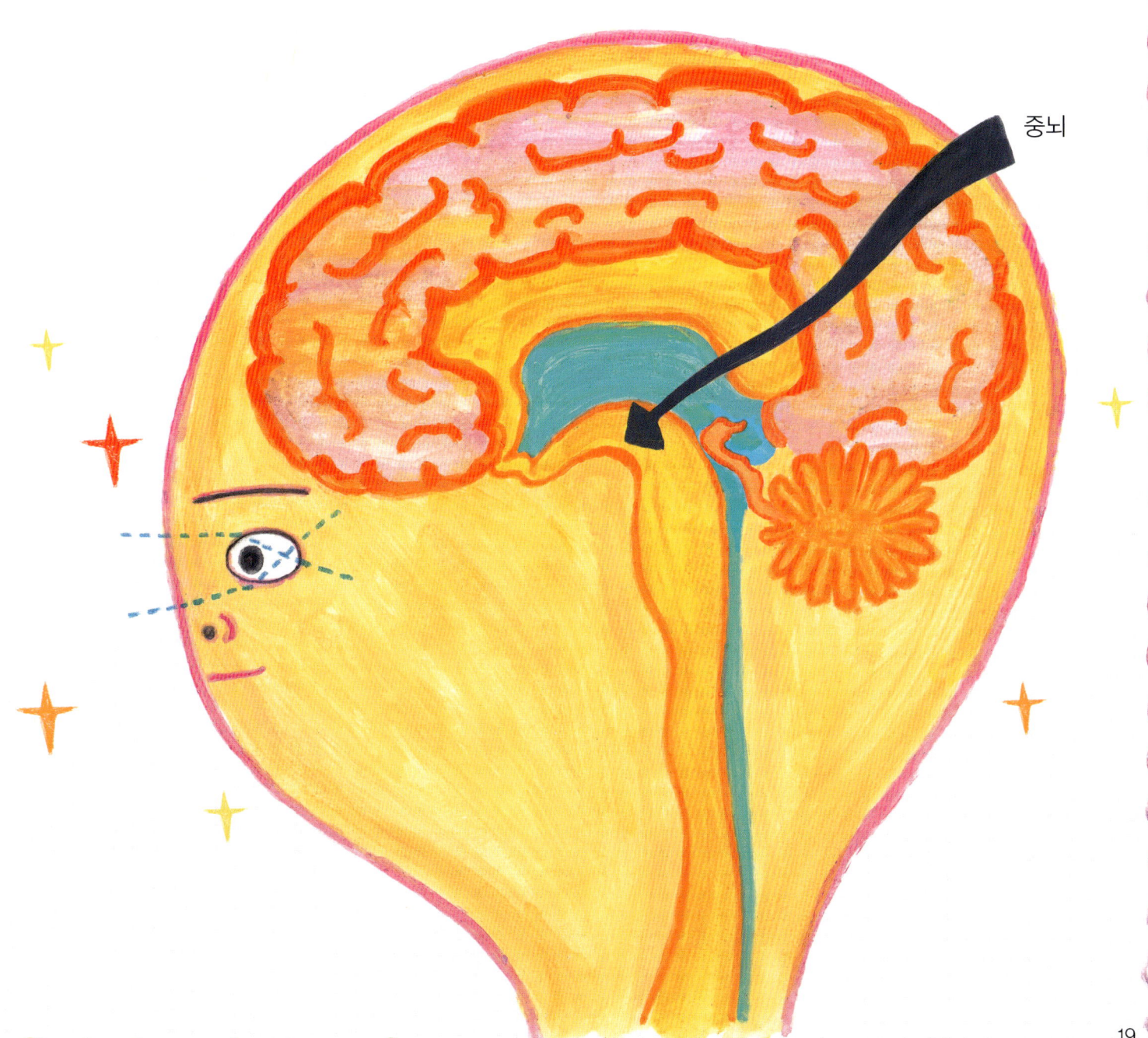

중뇌

그때 퀴퀴한 냄새가 났어요.
"무슨 냄새지? 방귀 냄새 같은데?
방귀 뽕 인형이 가까이에 있는 건 아닐까?"

우리가 눈, 코, 혀, 귀, 살갗을 통해 얻은 자극은
우리 몸에 뻗어 있는 신경과
척수라고 불리는 길을 지나
뇌로 전달된답니다.
그러면 뇌는 감각을 느끼게 되지요.

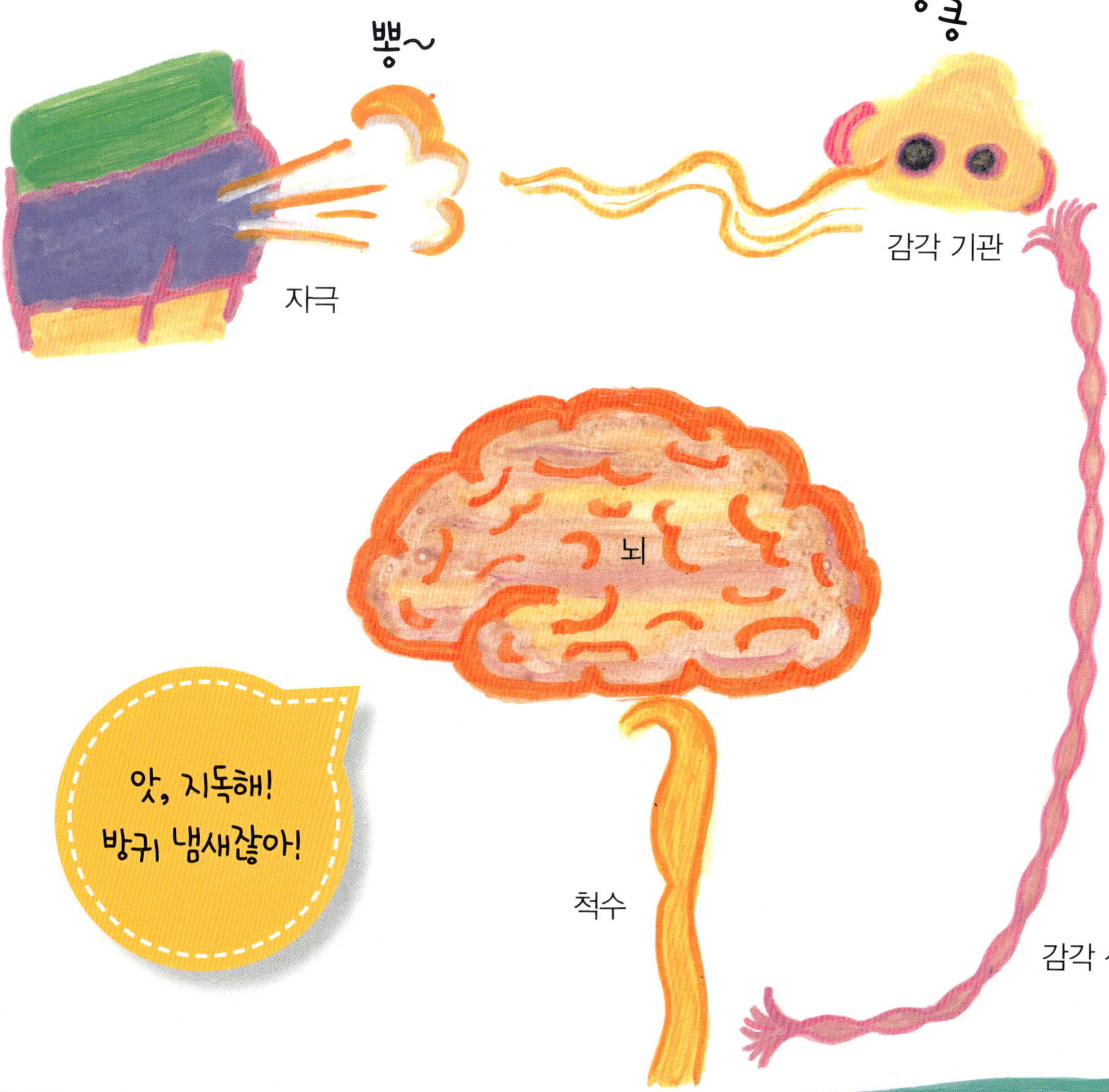

뽕~

쿵쿵

자극

감각 기관

뇌

앗, 지독해!
방귀 냄새잖아!

척수

감각 신경

"방귀는 제가 뀌었어요.
그리고 방귀 뽕 인형은 방귀 소리만 나요.
냄새는 나지 않아요."
영웅이가 멋쩍은 웃음을 지으며 말했어요.
아하 탐정은 다시 생각에 빠졌어요.

방귀 뽕 인형을 찾습니다

특징: 머리털은 초록색, 옷은 빨간색이에요.
방귀 소리는 낼 수 있지만,
냄새는 나지 않아요.

방귀 뽕 인형은 보람이네 집에도, 놀이터에도 없어요.

"그렇다면 방귀 뿡 인형은 너와 가장
가까운 데에 있는지도 모르겠다!"
"가까운 데가 어디예요?"
영웅이는 눈을 동그랗게 뜨고 물었어요.
"너랑 가까운 데는 집이지.
빨리 집으로 가자!"

뇌에는 몸의 운동을 조절하는 **소뇌**라는 곳이 있어요.
빙글빙글 돌 때에도, 달릴 때에도
우리의 뇌는 쉬지 않고 움직인답니다.

소뇌

아하 탐정과 영웅이는 부리나케 집으로 달려갔어요.
"방귀 뽕 인형을 가지고 놀았으면,
잘 정리해 두어야지.
흙이 묻은 채로 굴러다녀서 엄마가 빨았다!"
엄마가 영웅이를 보자마자 나무라셨어요.

"방귀 뽕 인형을 찾아서 다행이야.
앞으로는 네 물건을 잘 간직하렴."
아하 탐정은 사건이 해결되어서 기뻤어요.

"따르르르릉!"
전화벨이 힘차게 울렸어요.
또 어떤 일이 일어난 걸까요?

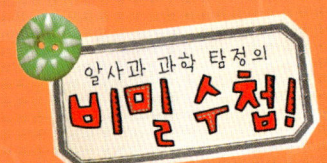

우리 몸에 명령을 내리는 뇌

뇌는 매우 중요한 기관이에요. 생각하고, 느끼고, 보고, 움직이는 모든 것을 뇌가 지휘하거든요. 뇌가 없으면 우리는 아마 인형처럼 아무것도 하지 못할 거예요.

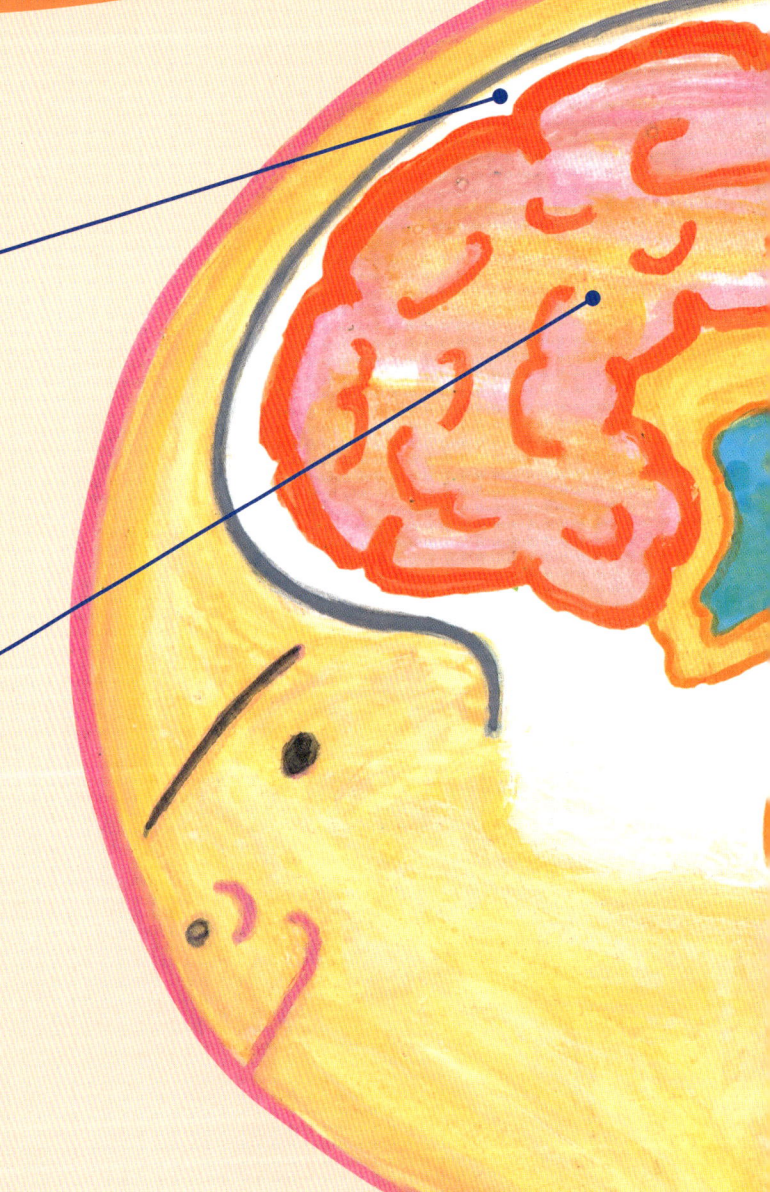

머리뼈
뇌를 보호하는 역할을 해요.

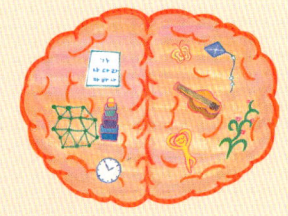

대뇌
대뇌는 뇌의 대부분을 차지해요. 기억하고 느끼고 판단하는 일을 해요. 오른쪽 뇌와 왼쪽 뇌로 나누어져 있어요.

간뇌
간뇌는 배고픔이나 목마름, 잠, 체온을 조절해요.

중뇌
중뇌는 눈동자를 움직이거나 눈에서 빛을 받아들이는 양을 조절해요.

소뇌
소뇌는 몸의 균형을 잡을 수 있도록 도와주어요. 그래서 소뇌를 다치면 똑바로 서지 못해요.

숨뇌(연수)
숨뇌는 중뇌와 척수 사이에 있어요. 심장 박동, 호흡, 소화, 기침, 재채기, 하품, 눈물 등을 조절하는 일을 해요.

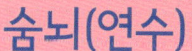

척수
척수는 뇌에서 나와 등뼈를 따라 쭉 뻗어 있어요. 뇌에서 내린 명령을 우리 몸 구석구석까지 전달해요.

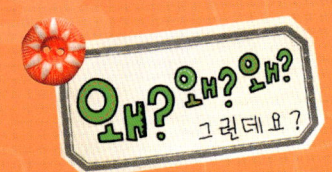
뇌에 대한 요런조런 호기심!

뇌가 없으면 어떻게 되나요?

어른의 뇌의 무게는 약 1.4킬로그램이야. 뇌의 무게는 적게 나가지만, 우리는 뇌가 없으면 아무것도 할 수가 없단다. 뇌는 기억이나 말, 생각, 감정, 체온, 소화 등 아주 많은 일을 지휘하기 때문이야. 뇌가 얼마나 중요한지 알겠지? 뇌를 더욱더 소중히 여기고, 뇌를 다치지 않도록 조심하자꾸나.

뇌는 말하고 듣고 공부하고 활동하는 모든 일을 하기 때문에, 뇌가 없으면 아무것도 할 수 없어요.

머리가 크면 공부를 잘하나요?

머리가 크다고 공부를 더 잘하는 건 아니야. 어떤 과학자가 머리 크기가 클수록 똑똑할 거라고 생각하고, 많은 사람의 머리 둘레를 재어 지능을 비교했단다. 결과는 어땠을까? 머리 크기와 공부를 잘하고 못하고는 아무런 상관이 없었대. 뇌를 얼마나 많이 쓰고 책을 얼마나 많이 읽느냐가 더 중요하단다.

머리 크기와 지능은 전혀 관계가 없어요.

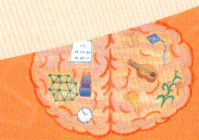

내가 내 몸을 간질이면 왜 간지럽지 않나요?

다른 사람이 나를 간질이면 간지러운데, 내가 내 몸을 간질이면 간지럽지 않은 경험을 해 봤을 거야. 그 이유는 아주 간단해. 내가 간질이기 전에 뇌가 먼저 "이제 간질일 테니 준비해!"라고 명령을 내렸기 때문이야. 그래서 간지럽지 않은 거란다.

내가 내 몸을 간질이면, 뇌가 먼저 알고 있기 때문에 간지럽지 않아요.

머리를 부딪히고 나서 어지럽거나 속이 울렁거리면 병원에 가 보는 게 좋아요.

머리를 맞으면 머리가 나빠지나요?

머리에 작은 혹이 날 정도라면 크게 걱정할 필요는 없어. 뇌는 튼튼한 머리뼈에 싸여 있고, 뼈와 부딪히지 않도록 액체와 막으로 감싸여 있거든. 그러니까 꿀밤 맞는 정도로 머리가 나빠질까 걱정하지 않아도 된단다.

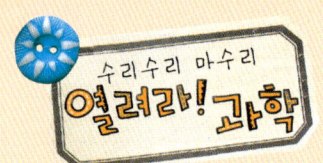

나는 오른손잡이? 왼손잡이?

왼손으로 글씨를 쓰거나, 밥을 먹거나, 물건을 집는 것이 더 편한 사람을 '왼손잡이'라고 해요. 왼손잡이는 뇌 중에서 오른쪽에 있는 뇌가 더 발달한 사람이에요. 우리 주변에는 오른손을 잘 쓰는 오른손잡이가 훨씬 많아요.

왼손으로 **글씨**를 써요.

왼손으로 **그림**을 그려요.

왼손으로 **음식**을 먹어요.

찰흙으로 만든 뇌

색깔 찰흙으로 뇌를 만들어 봐요.

준비물 색깔 찰흙, 스케치북, 연필

스케치북 위에 연필로 대뇌, 중뇌, 소뇌, 간뇌를 그려요.

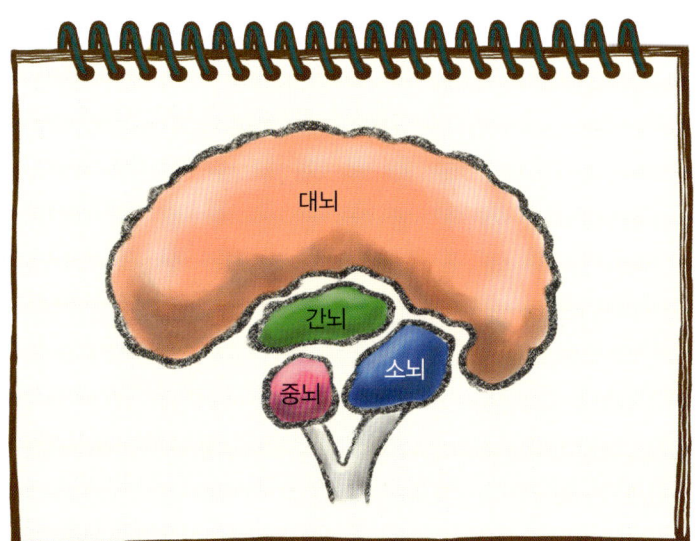

그 위에 각각 다른 색의 찰흙을 붙여 완성해 주세요.